トレジャーハンターが教える

競馬ブック

最高の
お宝馬券術

宝城哲司 著／競馬道OnLine編集部 編

主婦の友社

はじめに―

競馬ブックの出馬表で
トレジャーハンティングに出かけよう

競馬ブックの出馬表データ（競馬道＝KOLデータ）をお宝の地図として使い、お宝を見つける手法が本書のメインテーマとなる。15年ほど前に考案した競馬ブックのレイティング（R）と単勝予想オッズ（O）を駆使するRO指数のロジックが基礎となっている。

この理論は長きにわたって私のメイン戦略として使い続けており、2020年末の有馬記念で3連単5万馬券などを完全的中するなど、現在も色あせず高いパフォーマンスを発揮している。ちなみに本稿を執筆中（2021年2月末）にも、競馬道Onlineメンバーズコラムで莫大なお宝を土日連続で掘り当てた。

2/28中山10R ブラッドストーンS ×◎×で3連単398,740円を的中!
2/27 阪神11R 仁川S 3連単×◎△で3連単107,870円を的中!
2/27 小倉11R 帆柱山特別◎▲△で3連単61,310円的中!

これだけの長期間で実績のある戦略の濃縮版として紹介させていただくのが、＜トレジャーボックス＆ホイール＞だ。パフォーマンスは第3章の＜お宝発掘編＞を見てもらえば、一目瞭然なのでチェックしてもらいたい。

第1章　お宝の地図編では、競馬ブック（競馬道＝ＫＯＬ）出馬表データの入手方法から本書の核となる独自のトレジャーポイント（ＴＰ）の使い方を解説している。

第2章　お宝探し編では、レースサンプルを見ながらトレジャーポイント（ＴＰ）という独自の指数を使い馬券購入までの過程を解説している。

第3章　お宝発掘編では、土日（2日間）通じてレース選択から効率的な馬券選択にいたるまで、より実戦的なアドバイスをしているので、あなた自身の戦略を練る参考になるはずだ。

お宝をゲットするための道筋（狙い目）はスグ出せるので、どのレースを選び、ボックスかホイール（流し）どちらを使うかを決めるだけだ。

何が飛び出すかわからない、宝箱の中には驚愕の高配当、コスパの高い的中馬券が隠されている。エンジョイ＆ビッグサプライズ!

最後に、本書の編集にあたりデータの提供ほか貴重なアドバイスをいただいた競馬道OnLine編集部、出版に際してご尽力いただいた関係各位の皆様に感謝いたします。

2021年3月吉日　　著者

目次

第1章
お宝探しの準備
【お宝の地図編】

N

お宝の地図は『競馬ブック』の出馬表

本書を利用されるにあたり、競馬ブックの出馬表に掲載のレイティングと単勝予想オッズを取得する必要がある。おもな入手方法は以下のとおりで、ネット経由が簡単で格安である。

インターネットだと

◆競馬道OnLine（以下KOLと略）

（http://www.keibado.ne.jp/）

著者が利用している競馬情報サイト。

会員登録すれば開催前日から必要なデータ（KOLデータ）を競馬新聞より安価で入手でき、パソコンにデータも保存できるので重宝する。なお、レイティングはKOLデータの出馬表＋競走馬データに含まれているが、予想オッズは含まれていないため必要な方は出馬表＋競走馬＋予想オッズを取得する。

また、会員メニュー（メンバーコンテンツコース）には **「レイティング、予想オッズ早見表」** というコーナーがあり、ここでは本書で使うデータが整理され一覧できるので、これだけで

も購読する価値は十分だろう。

◆競馬ブック　（専門紙）

主要な駅売店やコンビニで入手できる。現在ではコンビニプリントもある。

競馬道OnLine では競馬道ネット新聞として、インターネット新聞として販売。1レース60円から利用できる。

次項の【お宝探しの地図】でトレジャー（お宝馬券）にいたるまでの道筋をザックリと示したので、まずは全体の流れをつかんでほしい。使うのは競馬ブック（競馬道）出馬表の**レイティング**と**単勝予想オッズ**だけで、ほかのデータは必要ない。この地図に沿って用語などのポイントや手順を解説するので初めて競馬ブックを使う方でも、簡単に理解できるだろう。

トレジャー BOX（ボックス）&WHEEL（軸流し）

＜対象外レース＞
①新馬戦（全馬レイティングがない為）
②障害戦（落馬のリスクがある障害戦は対象外）
③9頭立て以下のレース（対象は10頭以上）
④レイティングのない馬が単勝予想オッズ上位にいる

＜☑レイティング (R)&単予想オッズ (O)＞
未勝利・条件戦⇒(R) (O) 上位10頭 (BOX)
Gレース・特別戦⇒(R) (O) 全馬対象 (軸流し)

レイティング (R) 上位馬から
レイティングポイント (RP)&オッズポイント (OP)
を付与しトレジャーポイント (TP) を出す

＜トレジャー BOX＞	＜トレジャーホイール＞
トレジャーポイント (TP)	トレジャーポイント (TP)
上位4頭を決定選択	上位7頭を決定選択

トレジャー BOX	トレジャーホイール
ボックス (点)	軸ながし (点)
馬連 (6)	馬連 (11)
ワイド (6)	ワイド (11)
3連複 (4)	3連複 (15)
3連単 (24)	3連単 (40-60)

新聞、PC版のいずれでも出馬表データを馬番順にレイティング（R）単勝予想オッズ（O）を整理すると見やすくなる（馬名は付けなくてもいい）。

2020年　12月27日　中山11R 有馬記念（G1）芝2500m

馬番	馬　　名	R	O
1	バビット	62.5	17.4
2	ブラストワンピース	67.5	43.2
3	クレッシェンドラヴ	69.1	39.0
4	ラヴズオンリーユー	67.9	17.8
5	ワールドプレミア	67.9	8.2
6	キセキ	70.3	11.9
7	ラッキーライラック	71.3	11.4
8	ペルシアンナイト	68.8	44.3
9	クロノジェネシス	72.7	4.2
10	カレンブーケドール	69.8	6.3
11	モズベッロ	68.2	28.4
12	オーソリティ	63.4	7.6
13	フィエールマン	73.3	4.6
14	サラキア	69.5	18.1
15	オセアグレイト	66.7	24.2
16	ユーキャンスマイル	69.7	34.9

ここからは、前掲のチャートに沿って進めていきたい。

＜対象外のレース＞

出馬表を見て以下の要件にあてはまる場合にはすべて見送りレースとする。

①新馬戦（全馬レイティングがない為）

②障害戦（落馬のリスクがある障害戦は対象外）

③9頭立て以下のレース（対象は10頭以上）

④レイティングのない馬が単勝予想オッズ上位にいる

これらは出馬表を見ればすぐに判別できるので、最初にチェックする。あわせて競馬ブック出馬表データのR、Oについても触れておきたい。

レイティングと単勝予想オッズ

R（レイティング）

競馬ブックが、各馬の近走に重きを置いた競走成績をコンピュータにより解析し、数値化したもの。競走成績のない初出走馬、地方から転入して初戦となる馬には与えられない。

※先に紹介したKOLでは出馬表＋競走馬データに含まれているデータ。

O（＜単勝＞予想オッズ）

競馬ブックが算出した出走各馬の単勝予想オッズのこと。

開催当日のJRA発表のオッズや順序とはブレのあることもある。

単勝予想オッズを数値の小さな順に並び替えた結果（人気順）は開催当日の締切り前オッズの人気順になることが多い。（単勝予想オッズの上位馬が当日のオッズでも人気を集めていることが多い）

このことからオッズの高低（人気）に左右されないレイティングを使えば配当妙味のある馬券が少ない点数で取れる可能性がある。

ここからは、出馬表データを吟味しながら進めていくので付録のトレジャーシートを使い出走馬のデータを整理することから始めることにする。

トレジャーシートで準備する

ボックス戦略のトレジャーボックスについてレースサンプルを
まじえながら説明していこう。トレジャーボックスと流し戦略
のトレジャーホイールの使い方は共通で分析対象となる馬の
頭数がボックスは10頭、流しは全馬となる。簡単なボックス
で慣れておけば、流しも理解しやすいだろう。

馬名、レイティング、予想オッズなどのデータはすべて、ネッ
ト経由で競馬道OnLine（KOL）データ【出馬表＋競走馬デー
タ（全場分）】をダウンロードして使う前提である。

データは駅やコンビニで売られている競馬専門紙「競馬ブッ
ク」がベースなので形式は違っても内容は基本的に同じだ。
ただし、競馬道からデータをダウンロードする場合には全場、
全レース分が入手できるが新聞形式だと地域によって入手
可能なデータが限られるので、その点は留意願いたい。

出馬表では馬番順になっているレイティング（R）を降順（大
⇒小）に、単勝予想オッズ（O）を昇順（低⇒高）に並び
替える。

並び替えが終わったレイティングの順位を＜R順位＞、単勝

予想オッズ（O）の順位を＜O順位＞という。

【トレジャーボックス】少点数で手堅くお宝をゲット！

2020年11月8日　福島6R 3歳上1勝クラス　芝2600m　10頭立て

馬番	馬　名	R	O
1	アイスジェイド	53.8	4.5
2	スマートラビリンス	51.2	100
3	パーディシャー	55.3	3.1
4	デルマラッキーガイ	55.1	5.2
5	ナオミラフィネ	52.4	8.0
6	ロックグラス	52.5	18.6
7	ウェイヴァリー	51.6	20.7
8	クィーンユニバンス	54.5	4.3
9	アスティ	54.5	6.9
10	ベリンダアン	50.8	26.9

◇レイティングが大きい順に並び替えてR順位をつけた

③パーディシャーが55.3でR1位

R順位	馬番	馬　名	R
1	3	パーディシャー	55.3
2	4	デルマラッキーガイ	55.1
3	8	クィーンユニバンス	54.5
3	9	アスティ	54.5
5	1	アイスジェイド	53.8
6	6	ロックグラス	52.5
7	5	ナオミラフィネ	52.4
8	7	ウェイヴァリー	51.6
9	2	スマートラビリンス	51.2
10	10	ベリンダアン	50.8

R3位で⑧クイーンユニバンス、⑨アスティの2頭が54.5ポイントで同率3位となっている。この場合には**O順位上位（オッズが低い馬）がR順位で上位となる。**

これにより⑧クイーンユニバンス（4.3）が3位⑨アスティ（6.9）が4位となりR順位が確定する。後述のサンプルでも同率処理についてふれているので少しずつ慣れてもらえればよい。

表の項目をあらためて説明すると

馬番、馬名は出馬表の表記そのままなので問題ないだろう。

<R順位>

トレジャーシートでR指数を順位づけしたものを馬番順にしている。

◇単勝予想オッズ（O）が低い順に並び替えてO順位をつけた

③パーディシャーが3.1でO1位

O順位	馬番	馬　名	O
1	3	パーディシャー	3.1
2	8	クィーンユニバンス	4.3
3	1	アイスジェイド	4.5
4	4	デルマラッキーガイ	5.2
5	9	アスティ	6.9
6	5	ナオミラフィネ	8.0
7	6	ロックグラス	18.6
8	7	ウェイヴァリー	20.7
9	10	ベリンダアン	26.9
10	2	スマートラビリンス	100

トレジャーボックスはレイティング上位10頭が対象となるが、

福島6Rは10頭立なので、出走する全馬が対象となる。トレジャーボックスでは11頭立て以上のレースでもレイティング上位10頭だけが候補となる。

レイティングポイント（RP）＋オッズポイント（OP）＝トレジャーポイント（TP）

出走馬10頭のレイティングと単勝予想オッズの順位付けが終わったら、1位〜10位までの馬にレイティングポイント（RP）＋オッズポイント（OP）を与える。

ポイントは以下のような構成になっており、このポイントを与えることにより、候補馬のランク付けをする。レイティングポイント（RP）＋オッズポイント（OP）がトレジャーポイント（TP）で、ポイントの高い馬がお宝（狙い馬）となる。

この表のように、TPが1〜10位までであるが、これはレイティング（R）と単勝予想オッズ（O）の順位に対応しており、R、Oの1位〜10位まで付与していく。

ポイントはR、O、とも同じで共通化されており順位をみてポイントを与える。

＜トレジャーボックス＞のTPは最大10位までだが、流し買いの＜トレジャーホイール＞は出走馬すべてが対象となるので、TPは最大18位まである。（後述）

順位	RP/OP
1	55
2	43
3	40
4	28
5	53
6	26
7	35
8	24
9	20
10	32

RP/OPの数値基準は、過去の数千レースに及ぶデータ検証から導き出したもので15年以上、メインの分析ツールとして使い続けている『RO指数』が基本となっている。トレジャーボックスは、ロジックをコンパクトにして、少点数にも対応すべく改良を加えたものである。

では、福島6Rを例にポイントを付与するところから馬券選択までを解説しよう。

R順位の上位10頭にポイント（RP）を付与する

R順位	馬番	馬　名	RP
1	3	パーディシャー	55
2	4	デルマラッキーガイ	43
3	8	クィーンユニバンス	40
4	9	アスティ	28
5	1	アイスジェイド	53
6	6	ロックグラス	26
7	5	ナオミラフィネ	35
8	7	ウェイヴァリー	24
9	2	スマートラビリンス	20
10	10	ベリンダアン	32

※⑧クイーンユニバンス、⑨アスティはR同率3位だったが、同点処理で3位、4位としてRPを付与している。

O順位の上位10頭にポイント（OP）を付与する

馬番	馬　名	RP	O 順位	OP
3	パーディシャー	55	1	55
4	デルマラッキーガイ	43	4	28
8	クィーンユニバンス	40	2	43
9	アスティ	28	5	53
1	アイスジェイド	53	3	40
6	ロックグラス	26	7	35
5	ナオミラフィネ	35	6	26
7	ウェイヴァリー	24	8	24
2	スマートラビリンス	20	10	32
10	ベリンダアン	32	9	20

R順位の上位10頭が基本となるので、このようにR上位から対応するO順位に相当するOPを付与していく。

TP（トレジャーポイント）から候補馬を見つける

RP, OPの合計がTP（＝トレジャーポイント）となりお宝候補が確定する。

この10頭から4頭に絞り込んで馬券を組み立て選択、投票となる。

馬番	印	馬　名	RP	○順位	OP	TP
3	◎	パーディシャー	55	1	55	110
1	○	アイスジェイド	53	3	40	93
8	▲	クィーンユニバンス	40	2	43	83
9	△	アスティ	28	5	53	81
4		デルマラッキーガイ	43	4	28	71
6		ロックグラス	26	7	35	61
5		ナオミラフィネ	35	6	26	61
2		スマートラビリンス	20	10	32	52
10		ベリンダアン	32	9	20	52
7		ウェイヴァリー	24	8	24	48

TPの上位4頭がボックス対象馬となる。

1-3-8-9 のボックス買い

結果と払戻金：

1着	馬連	1-8	2,130
8	ワイド	1-8	590
2着		3-8	420
1		1-3	220
3着	3連複	1-3-8	1,700
3	3連単	8-1-3	15,590

【トレジャーボックス・ハンター】

●4頭ボックスが基本パターン

ボックスは流しと比べて当たりやすいが、頭数が多くなると点数が悩ましくなる。

馬連を基準にすると4頭（6点）が最大ではないだろうか。5頭ボックスにする馬連だと10点、3連単だと60点にもなってしまう。よほど配当妙味のあるレースでないと的中してもトリガミになりかねない。

16頭以上の多頭数のレースともなると、4頭に絞るのは簡単ではないが、TPを使うことで迷うことなく狙い馬を絞り込める。

まずはレイティングで10頭を対象に、TPで4頭まで絞り込むことで予想せずともお宝馬券がゲットできる。

●未勝利、条件戦と相性がいい

福島6Rのように、推奨馬券のすべてが的中するレースも多いが、すべて外れというレースももちろんある。但し、買い点数を6点に抑えることで軍資金を一気に減らす可能性は少ない。対象レースすべてに投票するとなると難しいが、対

象外のレースはどの開催でも3鞍程度はあるので点数過多にはなりにくい。トレジャーハントに出かける前に以下のようにレース選定基準を設けておくことをおススメする。

1. 未勝利戦、条件戦
2. 単勝予想オッズ、当日オッズで1番人気の倍率が高い（＝危険な1番人気馬）

これに加えてレースを絞り込むための指針を第2章以降に示した。そちらも活用し、当たって儲かる可能性の高いレース、馬券に集中して投票していただきたい。

【トレジャーホイール】
究極の流し戦略で財宝をゲット!

ここで、もう一つの基幹戦略である＜トレジャーホイール＞について少しだけふれておきたい。

単勝11番人気のサラキアが2着に入り、馬連は万馬券となった2020年の『有馬記念』を見てみよう。推奨馬券すべてを的中しており、トレジャーホイールの底力を垣間見たレースとなった。

グレードレースを含む特別戦向けの戦略であるトレジャーホイールを使いG1有馬記念は＜軸1頭ながし＞で勝負する。

2020年　12月27日　中山11R 有馬記念（G1）芝2500m

馬番	馬　名	R	O
1	バビット	62.5	17.4
2	ブラストワンピース	67.5	43.2
3	クレッシェンドラヴ	69.1	39.0
4	ラヴズオンリーユー	67.9	17.8
5	ワールドプレミア	67.9	8.2
6	キセキ	70.3	11.9
7	ラッキーライラック	71.3	11.4
8	ペルシアンナイト	68.8	44.3
9	クロノジェネシス	72.7	4.2
10	カレンブーケドール	69.8	6.3
11	モズベッロ	68.2	28.4
12	オーソリティ	63.4	7.6
13	フィエールマン	73.3	4.6
14	サラキア	69.5	18.1
15	オセアグレイト	66.7	24.2
16	ユーキャンスマイル	69.7	34.9

出馬表のO（単勝予想オッズ）の人気上位3頭は

1番人気　⑨クロノジェネシス　　4.2倍

2番人気　⑬フィエールマン　　　4.6倍

3番人気　⑩カレンブーケドール　6.3倍

JRAの当日締め切り直前オッズの人気上位3頭は

1番人気　⑨クロノジェネシス　　2.5倍

2番人気　⑬フィエールマン　　　3.5倍

3番人気　⑩カレンブーケドール　7.9倍

レースの傾向という視点からだと、単予想オッズでは波乱〜
穴、実オッズだと本命〜順当というレース前の見立てだった。
お宝探しの準備段階では単予想オッズしか見ていないので、
波乱含みのレースという傾向が見てとれた。単勝予想オッズ
の1番人気が4倍以上というレースは、配当妙味のあるレー
スが多い。

出馬表のレイティング（R）と単勝予想オッズ（O）全16頭を順位付けしてRP、OP、を付与している。

R順位	馬番	馬　名	RP
1	13	フィエールマン	55
2	9	クロノジェネシス	43
3	7	ラッキーライラック	40
4	6	キセキ	28
5	10	カレンブーケドール	53
6	16	ユーキャンスマイル	26
7	14	サラキア	35
8	3	クレッシェンドラヴ	24
9	8	ペルシアンナイト	20
10	11	モズベッロ	32
11	5	ワールドプレミア	18
12	4	ラヴズオンリーユー	11
13	2	ブラストワンピース	14
14	15	オセアグレイト	8
15	12	オーソリティ	10
16	1	バビット	5

O 順位	馬番	馬　名	O	OP
1	9	クロノジェネシス	4.2	55
2	13	フィエールマン	4.6	43
3	10	カレンブーケドール	6.3	40
4	12	オーソリティ	7.6	28
5	5	ワールドプレミア	8.2	53
6	7	ラッキーライラック	11.4	26
7	6	キセキ	11.9	35
8	1	バビット	17.4	24
9	4	ラヴズオンリーユー	17.8	20
10	14	サラキア	18.1	32
11	15	オセアグレイト	24.2	18
12	11	モズベッロ	28.4	11
13	16	ユーキャンスマイル	34.9	14
14	3	クレッシェンドラヴ	39.0	8
15	2	ブラストワンピース	43.2	10
16	8	ペルシアンナイト	44.3	5

単勝11番人気ながら2着と波乱の立役者となったサラキアは
R指数7位でO指数10位。残すか、消すか微妙なポジション。
JRAオッズの評価が低くても馬券検討の候補となってお宝が
発掘できることも多々ある。サラキアの単勝オッズは74.9倍
（11番人気）で上位が拮抗するここでは、たとえ穴狙いで
も手の内に入れることは難しいだろう。

出走全馬のレイティングと単勝予想オッズの順位付けが終わったら、1位～16位までの馬にレイティングポイント（RP）＋オッズポイント（OP）を与える。（前項で付与済み）

TPは以下のような構成になっており、このポイントを与えることにより、候補馬のランク付けをする。レイティングポイント（RP）＋オッズポイント（OP）がトレジャーポイント（TP）で、ポイントの高い馬がお宝（狙い馬）となる。

表のように、RP/OPが1～16位まであるが、これはレイティング（R）と単勝予想オッズ（O）の順位に対応しており、R、Oの1位～16位まで付与していく。

トレジャーボックスは最大10位だが流し買いのトレジャーホイールは出走馬すべてが対象となるので、16頭立てのここは16位まである。

順位	RP/OP
1	55
2	43
3	40
4	28
5	53
6	26
7	35
8	24
9	20
10	32
11	18
12	11
13	14
14	8
15	10
16	5

TP1位の⑨クロノジェネシスが軸。

相手は

⑬フィエールマン

⑩カレンブーケドール

⑤ワールドプレミア

⑭サラキア

⑦ラッキーライラック

⑥キセキ

以上の6頭

馬連ながし11点

9⇒13、10、5、14、7、6

13⇒10、5、14、7、6

3連複ながし15点

軸1頭流し

軸9　相手13、10、5、14、7、6

3連単60点

軸1頭1、2着流し

1着軸9　相手13、10、5、14、7、6

2着軸9　相手13、10、5、14、7、6

馬番	馬　名	印	R順位	R	O順位	O	TP
9	クロノジェネシス	◎	2	55	2	43	98
13	フィエールマン	○	1	43	1	55	98
10	カレンブーケドール	▲	5	53	3	40	93
5	ワールドプレミア	△	11	18	5	53	71
14	サラキア	×	7	35	10	32	67
7	ラッキーライラック	×	3	40	6	26	66
6	キセキ	×	4	28	7	35	63
11	モズベッロ		10	32	12	11	43
16	ユーキャンスマイル		6	26	13	14	40
12	オーソリティ		15	10	4	28	38
3	クレッシェンドラヴ		8	24	14	8	32
4	ラヴズオンリーユー		12	11	9	20	31
1	バビット		16	5	8	24	29
15	オセアグレイト		14	8	11	18	26
8	ペルシアンナイト		9	20	16	5	25
2	ブラストワンピース		13	14	15	10	24

結果と払戻金：

1着　⑨クロノジェネシス

2着　⑭サラキア

3着　⑬フィエールマン

馬連	9-14	10,330
ワイド	9-14	2,320
	9-13	270
	13-14	2,550
3連複	9-13-14	7,370
3連単	9-14-13	50,150

【トレジャーホイール・ハンター】

●軸馬1頭か2頭が基本パターン

トレジャーホイールでの馬券は**TP1位軸◎相手はTP2位〜TP7位**までの6頭となっている。これが基本で、レースによっては相手をTP6位までの5頭とする場合もある。とくに3連単ではリターンも大きいが、点数が40点以上となるのでリスクも大きい。そのため馬券構成はレースごとにオッズも参照して決めたいところだ。以下わたしが実戦で使っている馬券の買い方だ。

<馬連>軸2頭ながし 11点

◎⇒○▲△×××

○⇒▲△×××

<3連複>軸1頭ながし 15点

軸◎　相手○▲△×××

＜3連単＞軸1頭1、2着固定流し 60点

軸1頭1、2着流し

1着軸◎　相手○▲△×××

2着軸◎　相手○▲△×××

※軸馬が固定した着順（1、2着）かつ相手馬が3着以内に入れば的中。

＜3連単＞フォーメーション　2-6-6　40点

軸1頭1、2着流し

1着◎○

2着◎○▲△××

3着◎○▲△××

※点数をセーブできるフォーメーションは相手5頭

※マルチは少頭数のレースで使うこともある

特別戦はお宝の山

おもに9R以降に組まれている特別戦（○○特別、○○ステークス）は力が拮抗している（指数が拮抗）レースが多いので思わぬ高配当でお宝ゲットのチャンスが転がるいわば宝の山だ。TPの順位付けだけで予想をしない本ロジックは、サンプルや3章の実戦記のようにオッズでは中下位の伏兵馬が馬券に絡むことも少なくない。勝負レースを1日3鞍程度に絞り実践すれば、労せずして財宝を手に入れることも可能だ。

第2章
お宝の探し方
【お宝探し編】

N

本章では、サンプルレースを使って準備から<トレジャーボックス>でお宝を探し出すまでと、<お宝搾り>という手法を使ってレース絞りのガイドラインを紹介する。**トレジャーボックス（以下TB）、トレジャーホイール（以下TW）**それぞれ分けて説明する。以下のような構成となっている。

●トレジャーボックス<TB>のお宝探し

対象は未勝利、条件戦（主に1R～8Rが対象）

●トレジャーボックスのお宝搾り

1.単勝予想オッズ1位（Ｏ1位）の倍率

2.TP1位と2位の数値

●トレジャーホイール<TW>のお宝探し

対象は重賞レースを除く特別戦（主に9R～12Rが対象）

●トレジャーホイールのお宝搾り

1.出走頭数

2.単勝予想オッズ1位（Ｏ1位）の倍率

※<TB><TW>個別に解説しているので、いずれから読んでもよい。

トレジャーボックス（TB）のお宝探し

対象は未勝利、条件戦（主に1R〜8Rが対象）

これは第1章で紹介した福島6Rだが、10頭立てと分かりやすいので復習も兼ねて解説しよう。

2020年11月8日　福島6R 3歳上1勝クラス　芝2600m

馬番	馬　名	R	O
1	アイスジェイド	53.8	4.5
2	スマートラビリンス	51.2	100
3	パーディシャー	55.3	3.1
4	デルマラッキーガイ	55.1	5.2
5	ナオミラフィネ	52.4	8.0
6	ロックグラス	52.5	18.6
7	ウェイヴァリー	51.6	20.7
8	クィーンユニバンス	54.5	4.3
9	アスティ	54.5	6.9
10	ベリンダアン	50.8	26.9

【Step-1】

出馬表のレイティング（R）と単勝予想オッズ（O）上位10頭を順位付け。

R順位	馬番	馬　名	R
1	3	パーディシャー	55.3
2	4	デルマラッキーガイ	55.1
3	8	クィーンユニバンス	54.5
3	9	アスティ	54.5
5	1	アイスジェイド	53.8
6	6	ロックグラス	52.5
7	5	ナオミラフィネ	52.4
8	7	ウェイヴァリー	51.6
9	2	スマートラビリンス	51.2
10	10	ベリンダアン	50.8

O順位	馬番	馬　名	O
1	3	パーディシャー	3.1
2	8	クィーンユニバンス	4.3
3	1	アイスジェイド	4.5
4	4	デルマラッキーガイ	5.2
5	9	アスティ	6.9
6	5	ナオミラフィネ	8.0
7	6	ロックグラス	18.6
8	7	ウェイヴァリー	20.7
9	10	ベリンダアン	26.9
10	2	スマートラビリンス	100

出馬表の単勝予想オッズは、新聞版だと50倍以上は☆、PCデータ版だと＊のような表記になっている。本書では順位付けの都合上すべて100で統一している。

【Step-2】

10頭立てなのでRP/OPも10位まで。

順位	RP/OP
1	55
2	43
3	40
4	28
5	53
6	26
7	35
8	24
9	20
10	32

【Step-3】

R順位の上位10頭にポイント（RP）を付与する

同率3位の⑧クイーンユニバンスと⑨アスティは、1章で説明したとおり、処理済みで⑧＝3位、⑨＝4位と順位が確定している。

馬番	馬　名	R順位	RP
3	パーディシャー	1	55
4	デルマラッキーガイ	2	43
8	クィーンユニバンス	3	40
9	アスティ	4	28
1	アイスジェイド	5	53
6	ロックグラス	6	26
5	ナオミラフィネ	7	35
7	ウェイヴァリー	8	24
2	スマートラビリンス	9	20
10	ベリンダアン	10	32

【Step-4】

O順位の上位10頭にポイント(OP)を付与する

O1位の③パーディシャーはTP最大の55ポイント

馬番	馬　名	R順位	RP	O順位	OP
3	パーディシャー	1	55	1	55
4	デルマラッキーガイ	2	43	4	28
8	クィーンユニバンス	3	40	2	43
9	アスティ	4	28	5	53
1	アイスジェイド	5	53	3	40
6	ロックグラス	6	26	7	35
5	ナオミラフィネ	7	35	6	26
7	ウェイヴァリー	8	24	8	24
2	スマートラビリンス	9	20	10	32
10	ベリンダアン	10	32	9	20

※ここで注意したいのは、O順位にOPを付与するときもR順位の上位から整理していくこと。R順位が基準となるためだ。

【Step-5】

R、O、のTPポイント上位10頭がお宝候補となる。この10
頭から、ボックス買いでTP上位4頭に絞り込む

馬番	印	馬　名	R順位	RP	O順位	OP	TP
3	◎	パーディシャー	1	55	1	55	110
1	○	アイスジェイド	5	53	3	40	93
8	▲	クィーンユニバンス	3	40	2	43	83
9	△	アスティ	4	28	5	53	81
4		デルマラッキーガイ	2	43	4	28	71
6		ロックグラス	6	26	7	35	61
5		ナオミラフィネ	7	35	6	26	61
2		スマートラビリンス	9	20	10	32	52
10		ベリンダアン	10	32	9	20	52
7		ウェイヴァリー	8	24	8	24	48

ボックス推奨馬はTP上位4頭で、1-3-8-9 のボックス買い
となる。

結果と払戻金：

1着	馬連	1-8	2,130円
8	ワイド	1-8	590円
2着		3-8	420円
1		1-3	220円
3着	3連複	1-3-8	1,700円
3	3連単	8-1-3	15,590円

馬連でもボックス4頭（6点）で21倍の配当なら回収率350%と上々の出来だ。

2020年12月19日　中京8R　3歳上1勝クラス　16頭立て
ダ1400m

【Step-1】

出馬表のレイティング（R）上位10頭と単勝予想オッズ（O）を順位付け

単勝予想オッズは②アメージングランが1位だが上位馬は接戦。

馬番	馬　名	R	O
2	アメージングラン	57.5	3.8
4	ネイビーアッシュ	57.2	9.0
10	ミッキーチャイルド	57.0	8.9
9	アイムポッシブル	56.6	4.3
11	レッドブロンクス	55.6	4.7
12	スズカクローカス	55.3	34.6
16	メイショウコミチ	55.2	18.7
7	フレンドアリス	54.7	100
15	ヴァルゴスピカ	54.7	100
8	ロードエクスプレス	54.4	6.8

【Step-2】

16頭立てでレイティング上位10頭だけが候補となるが、ここでは12位までを記載する。なぜなら０順位が12位の馬がいるためだ。

狙い馬には影響ないが、手順として行なう。

R 順位	RP
1	55
2	43
3	40
4	28
5	53
6	26
7	35
8	24
9	20
10	32
11	18
12	11

【Step-3】

R順位の上位10頭にポイント（RP）を付与する。

馬番	馬　名	R順位	RP	○順位
2	アメージングラン	1	55	1
4	ネイビーアッシュ	2	43	6
10	ミッキーチャイルド	3	40	5
9	アイムポッシブル	4	28	2
11	レッドブロンクス	5	53	3
12	スズカクローカス	6	26	11
16	メイショウコミチ	7	35	8
7	フレンドアリス	8	24	12
15	ヴァルゴスピカ	9	20	12
8	ロードエクスプレス	10	32	4

【Step-4】

O順位の上位10頭にポイント(OP)を付与する。

馬番	馬　名	R順位	OP	O順位
2	アメージングラン	1	55	1
4	ネイビーアッシュ	2	26	6
10	ミッキーチャイルド	3	53	5
9	アイムポッシブル	4	43	2
11	レッドブロンクス	5	40	3
12	スズカクローカス	6	18	11
16	メイショウコミチ	7	24	8
7	フレンドアリス	8	11	12
15	ヴァルゴスピカ	9	11	12
8	ロードエクスプレス	10	32	4

【Step-5】

R、O、のTP上位10頭がお宝候補となる。

この10頭からお宝ボックス4頭を絞り込む

馬番	印	馬　名	R順位	RP	O順位	OP	TP
2	◎	アメージングラン	1	55	1	55	110
10	○	ミッキーチャイルド	3	40	5	53	93
11	▲	レッドブロンクス	5	53	3	40	93
9	△	アイムポッシブル	4	28	2	43	71
4		ネイビーアッシュ	2	43	6	26	69
8		ロードエクスプレス	10	32	4	28	60
16		メイショウコミチ	7	35	8	24	59
12		スズカクローカス	6	26	11	18	44
7		フレンドアリス	8	24	12	11	35
15		ヴァルゴスピカ	9	20	12	11	31

ボックス推奨馬はTP上位4頭なので、2-9-10-11 のボックス買いとなる。

結果と払戻金：

1着　⑨アイムポッシブル（2番人気）

2着　⑪レッドブロンクス（6番人気）

3着　⑯メイショウコミチ（10番人気）

馬連	9-11	3,510円
ワイド	9-11	1,150円
	9-16	2,460円
	11-16	3,630円
3連複	9-11-16	22,230円
3連単	9-11-16	104,180円

馬連9-11 35倍とワイド9-11 11倍が▲△で的中!

トレジャーボックス（TB）のお宝搾り

勝負レースを徹底的に絞り込んで集中的に投票したい、軍資金が限られている、対象レースが多すぎてどのレースを勝負レースにしたらいいか迷う、といった場合には**＜お宝搾り＞**を使ってリスクを最小限にとどめて、レースを楽しむことを推奨する。TBの条件は以下の2つ。**条件1は出馬表データを見るだけ**でわかるが、**条件2はトレジャーポイント（TP）を出して判定する**ものである。

サンプルレースを見ながら解説する前に1章で記載した前提となる。

対象外のレースを再度確認しておこう。

＜対象外のレース＞

⑤新馬戦（全馬レイティングがない為）

⑥障害戦（落馬のリスクがある障害戦は対象外）

⑦9頭立て以下のレース（対象は10頭以上）

⑧レイティングのない馬が単勝予想オッズ上位にいる

TBのお宝搾りは3場開催などで上記の＜対象外のレース＞を除いても勝負レースが多い場合に適用することをおススメする。開催日によっては勝負レースが無くなってしまうこともあるので、軍資金の大小やトレジャーホイール（TW）との資金配分など個々の状況に応じて使ってほしい。

＜TBのお宝搾りその1＞
1.単勝予想オッズ1位（O 1位）の倍率
2.TP 1位と2位の差

✓ **1.の条件は単勝予想オッズ1位（O 1位）馬が3.0倍以上**
✓ **2.の条件はTP1位と2位の差が10未満**

これら**条件1、2、両方を満たしたレースが対象レース**となる。先の対象外のレースとは逆で見送る条件ではなく**買い条件**なので混同しないよう注意してほしい。
ではサンプルレースをチェックしてみることにする。

✔️ **1. の条件は単勝予想オッズ1位（O1位）馬が3.0倍以上である**

O1位の⑨レディアリエスは3.1倍で条件を満たす

✔️ 2. の条件はTP1位と2位の差が10未満である。

TP1位 ⑨レディアリエス　98

TP2位 ⑥マダムシュシュ　95

3ポイントの差で条件を満たす

⇒**買いレース**となる

2月20日（土）小倉1R 3歳未勝利

馬番	馬　名	印	R順位	O順位	RP	OP	TP
9	レディアリエス	◎	2	1	43	55	98
6	マダムシュシュ	○	1	3	55	40	95
5	プリンニシテヤルノ	▲	7	5	35	53	88
10	アスターベルデ	△	3	2	40	43	83
7	ウォーターブランカ		5	9	53	20	73
4	アルバトリア		4	7	28	35	63
12	ビーナスオーキッド		10	8	32	24	56
11	ウインブランカ		8	6	24	26	50
2	ファインディーヴァ		6	12	26	11	37
1	エクメディフラワー		9	13	20	14	34

TBのボックス買い目は印のTP上位4頭で
5-6-9-10　すべての推奨馬券が的中した。

結果と払戻金：

1着　⑥マダムシュシュ

2着　⑨レディアリエス

3着　⑩アスターベルデ

馬連	6-9	640円
ワイド	6-9	260円
	6-10	320円
	9-10	240円
3連複	6-9-10	660円
3連単	6-9-10	3,880円

＜TBのお宝搾りその2＞

次の小倉2Rはどうかチェックしてみると

✔ 1.の条件は単勝予想オッズ1位（Ｏ1位）馬が3.0倍以上である

Ｏ1位の②デクラークは3.1倍で条件を満たす

✔ 2.の条件はTP1位と2位の差が10未満である。

TP1位 ⑬アンジュソレイユ　　106

TP2位 ②デクラーク　　　　　98

8ポイントの差で条件を満たす

⇒**買いレース**となる

2月20日（土）小倉2R 3歳未勝利

馬番	馬　名	印	R順位	Ｏ順位	RP	OP	TP
13	アンジュソレイユ	◎	5	5	53	53	106
2	デクラーク	○	2	1	43	55	98
5	テーオーディエス	▲	3	2	40	43	83
7	デンプシーロール	△	1	6	55	26	81
17	ジューンベロシティ		6	3	26	40	66
10	ペガサスウイング		10	10	32	32	64
1	ショウナンアシュア		4	4	28	28	56
15	ゴールドマイヤー		7	13	35	14	49
11	スペシャリティ		8	11	24	18	42
18	サウンドクラウン		9	12	20	11	31

TBのボックス買い目は印のTP上位4頭6点（馬連、ワイド）

2-5-7-13　ワイドは的中もトリガミ。

結果と払戻金：

1着　⑬アンジュソレイユ

2着　⑰ジューンベロシティ

3着　②デクラーク

馬連	13-17	2,260 円
ワイド	13-17	820 円
	2-13	450 円
	2-17	450 円
3連複	2-13-17	2,360 円
3連単	13-17-2	18,350 円

お宝搾りで見送りとなったレースも見ておくことにする。

＜TBお宝搾り　見送り編＞

✔ 1.の条件は単勝予想オッズ1位（O1位）馬が3.0倍以上である

O1位の②グレイイングリーンは2.2倍で条件を満たさず×

✔ 2.の条件はTP1位と2位の差が10未満である。

TP1位 ②グレイイングリーン　110

TP2位 ⑨ゼリア　　　　　　　93

17ポイントの差で条件を満たさず×

⇒見送りレースとなる

条件1、2、の両方を満たす必要があるので出馬表データから条件1を満たしていない時点で見送りレースとなる。参考までに条件2も記しておいた。

2月21日（土）阪神6R　3歳1勝クラス（O1位=2.2倍）

馬番	馬名	印	R順位	O順位	R	O	TP
2	グレイインググリーン	◎	1	1	55	55	110
9	ゼリア	○	3	5	40	53	93
1	トーカイキング	▲	2	4	43	28	71
4	リターンギフト	△	5	11	53	18	71
8	カスティーリャ		6	2	26	43	69
6	アンブレラデート		4	3	28	40	68
7	ウイングリュック		10	7	32	35	67
10	デルマヤクシ		7	6	35	26	61
11	シャークスポット		8	9	24	20	44
5	デルマセイシ		9	8	20	24	44

もし投票していたら以下のような結果で、見送りが正解だった。

TBのボックス買い目は印のTP上位4頭6点（馬連、ワイド）
1-2-4-9　ワイドは的中もトリガミ。

結果と払戻金：

1着　②グレイインググリーン

2着　⑥アンブレラデート

3着　①トーカイキング

馬連	2-6	590円
ワイド	2-6	270円
	1-2	230円
	1-6	550円
3連複	1-2-6	820円
3連単	2-6-1	2,730円

トレジャーホイール（TW）のお宝搾り

勝負レースを徹底的に絞り込んで集中的に投票したい、軍資金が限られている、対象レースが多すぎてどのレースを勝負レースにしたらいいか迷う、といった場合には＜お宝搾り＞を使ってリスクを最小限にとどめて、レースを楽しむことを推奨する。TWの条件は以下の2つで、**いずれも出馬表データを見るだけ**でわかる。

サンプルレースを見ながら解説する前に1章で記載した前提となる。

対象外のレースを再度確認しておこう。

> **＜対象外のレース＞**
>
> 1. 新馬戦（全馬レイティングがない為）
>
> 2. 障害戦（落馬のリスクがある障害戦は対象外）
>
> 3. 9頭立て以下のレース（対象は10頭以上）
>
> 4. レイティングのない馬が単勝予想オッズ上位にいる

＜お宝搾り＠ＴＷ＞

1.単勝予想オッズ1位（Ｏ1位）の倍率

2.出走頭数

注意　※重賞レースでお宝搾り＠ＴＷは適用しない

これら**条件1かつ2を満たしたレースが対象レース**となる。先の対象外のレースとは逆で見送る条件ではなく**買い条件**なので混同しないよう注意してほしい。

✔ **1.の条件は単勝予想オッズ1位（Ｏ1位）馬が4.0倍未満**である

✔ **2.の条件は出走頭数が14頭以上**のレースである

トレジャーボックス（ＴＢ）よりもシンプルな条件で出馬表データからすぐに判別が可能となっている。

では、サンプルレースをチェックすることにする。

＜TW お宝搾りその1＞

21年の2月27日阪神11R 仁川Sで条件をチェックすると

✓ 1.の条件は単勝予想オッズ1位（O１位）馬が4.0倍未満である

O1位の⑩ロードレガリスは2.9倍で条件を満たす

✓ 2.の条件は出走頭数が14頭以上のレースである

仁川Sは16頭立てでこれも問題ない

2月27日（土）阪神11R 仁川S 16頭立て ダ2000mハンデ

馬番	馬　名	印	R順位	O順位	RP	OP	TP
10	ロードレガリス	◎	1	1	55	55	110
11	ミヤジコクオウ	○	10	5	32	53	85
1	テーオーエナジー	▲	5	6	53	26	79
14	モズアトラクション	△	2	10	43	32	75
13	ベストタッチダウン	×	4	2	28	43	71
15	アッシェンプッテル	×	3	4	40	28	68
4	マイネルユキツバキ	×	6	3	26	40	66
7	サンデーウィザード		7	8	35	24	59
12	カセドラルベル		13	7	14	35	49
6	アポロテネシー		9	9	20	20	40
8	ダイシンインディー		8	15	24	10	34
16	ネオブレイブ		11	13	18	14	32
9	マリオマッハー		16	11	5	18	23
2	タイサイ		12	14	11	8	19
5	メイショウマトイ		14	12	8	11	19
3	キングニミッツ		15	16	10	5	15

【買い目】

馬連

10⇒11、1、14、13、15、**4**

11⇒1、14、13、15、**4**

3連複

軸1頭流し

軸**10**　相手11、1、**14**、13、15、**4**

3連単

軸1頭1、2着流し

1着軸10　相手11、1、14、13、15、4

2着軸**10**　相手11、1、**14**、13、15、**4**

結果と払戻金：

1着　④マイネルユキツバキ

2着　⑩ロードレガリス

3着　⑭モズアトラクション

馬連	4-10	1,010円
ワイド	4-10	470円
	4-14	6,090円
	10-14	2,340円
3連複	4-10-14	14,580円
3連単	4-10-14	107,870円

＜TWお宝搾りその2＞

21年の2月27日小倉11R 帆柱山特別で条件をチェックすると

✔1.の条件は単勝予想オッズ1位（O1位）馬が4.0倍未満である

O1位の②コスモカルナックは2.7倍で条件を満たす

✔2.の条件は出走頭数が14頭以上のレースである
帆柱山特別はフルゲート18頭立てで問題ない

2月27日（土）　小倉11R 帆柱山特別　18頭立て　芝1200m

馬番	馬　名	印	R順位	O順位	RP	OP	TP
15	マイネルアルケミー	◎	1	10	55	32	87
1	バカラクイーン	○	2	2	43	43	86
2	コスモカルナック	▲	9	1	20	55	75
8	ジョニーズララバイ	△	11	5	18	53	71
9	グッドワード	×	7	7	35	35	70
17	オルダージュ	×	3	9	40	20	60
14	スキップ	×	5	17	53	5	58
6	ルクルト		4	4	28	28	56
11	ニシノストーム		16	3	5	40	45
4	ミアグア		6	11	26	18	44
13	マリノスピカ		10	15	32	10	42
3	タガノカルラ		12	6	11	26	37

馬番	馬　名	印	R順位	O順位	RP	OP	TP
7	ラキ		8	12	24	11	35
5	エーティーメジャー		14	8	8	24	32
18	マジックバローズ		13	13	14	14	28
12	レジーナファースト		15	16	10	5	15
10	クリノイダテン		17	14	5	8	13
16	ルールダーマ		18	18	3	3	6

【買い目】

馬連

15⇒1、**2**、8、9、17、14

1⇒2、8、9、17、14

3連複

軸1頭流し

軸**15**　相手1、**2**、**8**、9、17、14

3連単

軸1頭1、2着流し

1着軸**15**　相手1、**2**、**8**、9、17、14

2着軸15　相手1、2、8、9、17、14

結果と払戻金：

1着　⑮マイネルアルケミー

2着　②コスモカルナック

3着　⑧ジョニーズララバイ

馬連	2-15	2,000 円
ワイド	2-15	920 円
	8-15	2,630 円
	2-8	1,630 円
3連複	2-8-15	11,950 円
3連単	15-2-8	61,310 円

＜ＴＷお宝搾りその2＞

21年2月28日中山10R ブラッドストーンSで条件をチェックすると

✓ 1.の条件は単勝予想オッズ1位（O1位）馬が4.0倍未満である

O1位の⑤スナークスターは3.4倍で条件を満たす

✓ 2.の条件は出走頭数が14頭以上のレースである

ブラッドストーンSは16頭立てでこれも問題ない

2月28日（日）　中山10R ブラッドストーンS　16頭立て　ダ1200m　ハンデ

馬番	馬　　名	印	R順位	O順位	R	O	TP
16	ヒルノサルバドール	◎	1	5	55	53	108
5	スナークスター	○	2	1	43	55	98
12	ニシノホライゾン	▲	5	7	53	35	88
7	コカボムクイーン	△	3	3	40	40	80
15	メディクス	×	10	2	32	43	75
2	スマートアルタイル	×	7	10	35	32	67
10	ナイトブリーズ	×	6	4	26	28	54
4	コンセッションズ		9	8	20	24	44
3	セイウンクールガイ		13	6	14	26	40
9	ハクアイブラック		4	15	28	10	38
1	サトノユニゾン		8	12	24	11	35

馬番	馬　　名	印	R順位	O順位	R	O	TP
14	グラナリー		12	9	11	20	31
6	ハルサカエ		15	11	10	18	28
8	ロジペルレスト		11	16	18	5	23
11	ププッピドゥ		14	13	8	14	22
13	ルーチェソラーレ		16	14	5	8	13

【買い目】

馬連

16⇒5、12、7、15、**2**、10

5⇒12、7、15、2、10

3連複

軸1頭流し

軸**16**　相手5、12、7、15、**2**、**10**

3連単

軸1頭1、2着流し

1着軸16　相手5、12、7、15、2、10

2着軸**16**　相手5、12、7、15、**2**、**10**

結果と払戻金：

1着　②スマートアルタイル

2着　⑯ヒルノサルバドール

3着　⑩ナイトブリーズ

馬連	2-16	11,800 円
ワイド	2-16	4,360 円
	2-10	4,780 円
	10-16	1,660 円
3連複	2-10-16	45,940 円
3連単	2-16-10	398,740 円

 お宝

3連複（15点）でも十分すぎるお宝ゲットとなった。

ブラッドストーンSは先の仁川Sと同じく**ダートのハンデ戦で**

16頭立て

あまり先入観を持たないほうがいいが、データとしてストックしておきたい。

第3章
条件合致で
お宝ザクザク
【お宝発掘編】

お宝発掘なるか（実戦記）

1. 2021年2月27日
2. 2021年2月28日

本章では「お宝発掘編」ということで、対象となるレースで、すべて検証をしてみた結果を記載していく。2日間にわたる実戦記（レース、TB&TW、馬券の選択を含め）となる。。ロジックの確認や馬券選びの参考にしてほしい。すべての結果を表にまとめたので一覧できる。

1. 馬券は馬連・ワイド・3連複のいずれか1つ的中で◎

2. ボックスはTP上位4頭、ホイールは1頭（TP1位）軸流し相手6頭

※対象外レースは（／）、見送りレースはNG 不的中は(-)

※NGレースは出馬表データから＜お宝搾り＞の基準を適用

※馬名は省略

●1日目 2021年2月27日（土）中山・阪神・小倉

●2日目. 2021年2月28日（日）中山・阪神・小倉

的中レースでもトリガミ（払戻金が投票額より少ない）となるレースも（特にワイド）あるが個別のレース結果で確認されたい。

2月27日（土）

中山	馬連	ワイド	3連複	3連単	阪神	馬連	ワイド	3連複	3連単	小倉	馬連	ワイド	3連複	3連単
1R					1R	○	○	-	-	1R	○	○	-	-
2R		NG			2R					2R			NG	
3R		NG			3R					3R			NG	
4R		NG			4R					4R				
5R	-	○	-	-	5R		NG			5R	○	○	○	○
6R					6R		NG			6R	○	○	○	○
7R		NG			7R		NG			7R			NG	
8R		NG			8R		NG			8R			NG	
9R		NG			9R	-	-	-	-	9R				
10R		NG			10R		NG			10R			NG	
11R	-	-	-	-	11R	○	○	○	○	11R	○	○	○	○
12R		NG			12R		NG			12R	-	-	-	-

2月28日（日）

中山	馬連	ワイド	3連複	3連単	阪神	馬連	ワイド	3連複	3連単	小倉	馬連	ワイド	3連複	3連単
1R					1R		NG			1R				
2R	-	○	-	-	2R	-	○	-	-	2R		NG		
3R	-	-	-	-	3R		NG			3R				
4R					4R					4R				
5R	-	-	-	-	5R					5R				
6R					6R		NG			6R	○	○	-	-
7R		NG			7R					7R		NG		
8R	-	○	-	-	8R					8R				
9R		NG			9R		NG			9R		NG		
10R	○	○	○	○	10R					10R		NG		
11R	-	-	-	-	11R	-	-	-	-	11R		NG		
12R		NG			12R	-	-	-	-	12R		NG		

2月27日　阪神1R 3歳未勝利 ＜TB＞

馬番	印	R 順位	O 順位	RP	OP	TP
7	◎	2	1	43	55	98
1	○	1	3	55	40	95
10	▲	5	7	53	35	88
14	△	8	5	24	53	77
15		4	2	28	43	71
11		3	4	40	28	68
3		10	10	32	32	64
8		6	8	26	24	50
5		9	9	20	20	40
16		7	16	35	0	35

 お宝

馬連、ワイド4頭ボックスで的中

1着	馬連	7-14	1,870円
7	ワイド	7-14	550円
2着		7-11	450円
14		11-14	680円
3着	3連複	7-11-14	2,380円
11	3連単	7-14-11	12,130円

2月27日　阪神11R 仁川S ＜TW＞

馬番	印	R 順位	○ 順位	RP	OP	TP
10	◎	1	1	55	55	110
11	○	10	5	32	53	85
1	▲	5	6	53	26	79
14	△	2	10	43	32	75
13	×	4	2	28	43	71
15	×	3	4	40	28	68
4	×	6	3	26	40	66
7		7	8	35	24	59
12		13	7	14	35	49
6		9	9	20	20	40
8		8	15	24	10	34
16		11	13	18	14	32
9		16	11	5	18	23
2		12	14	11	8	19
5		14	12	8	11	19
3		15	16	10	5	15

お宝

3連単は点数が多すぎて悩ましいという方も3連複ならローリスクでハイリターンが見込める。

1着	馬連	4-10	1,010円
4	ワイド	4-10	470円
2着		4-14	6,090円
10		10-14	2,340円
3着	3連複	4-10-14	14,580円
14	3連単	4-10-14	107,870円

2月27日　小倉1R 3歳未勝利 ＜TB＞

馬番	印	R 順位	O 順位	RP	OP	TP
8	◎	5	5	53	53	106
10	○	1	2	55	43	98
6	▲	6	1	26	55	81
13	△	2	4	43	28	71
15		4	3	28	40	68
12		3	9	40	20	60
9		10	6	32	26	58
11		9	7	20	35	55
4		7	11	35	0	35
3		8	14	24	0	24

1着	馬連	8-10	3,370 円
10	ワイド	8-10	1,240 円
2着		2-10	1,670 円
8		2-8	1,100 円
3着	3 連複	2-8-10	12,100 円
2	3 連単	10-8-2	54,630 円

 お宝

小倉開催はTBと相性がいい。

未勝利で馬連20-30倍台の馬券がよく当たる。

2月27日　小倉6R 4歳上1勝クラス ＜TB＞

馬番	印	R 順位	O 順位	RP	OP	TP
12	◎	1	1	55	55	110
14	○	5	5	53	53	106
17	▲	2	2	43	43	86
11	△	3	4	40	28	68
4		4	3	28	40	68
2		6	8	26	24	50
9		7	13	35	0	35
13		10	12	32	0	32
15		8	15	24	0	24
5		9	15	20	0	24

 # お宝

TBで軍資金を増やして、TWで勝負というパターンが理想

1着	馬連	12-14	1,570 円
12	ワイド	12-14	530 円
2着		12-17	230 円
14		14-17	680 円
3着	3連複	12-14-17	1,560 円
17	3連単	12-14-17	9,590 円

2月27日　小倉11R 帆柱山特別 ＜TW＞

馬番	印	R 順位	○ 順位	RP	OP	TP
15	◎	1	10	55	32	87
1	○	2	2	43	43	86
2	▲	9	1	20	55	75
8	△	11	5	18	53	71
9	×	7	7	35	35	70
17	×	3	9	40	20	60
14	×	5	17	53	5	58
6		4	4	28	28	56
11		16	3	5	40	45
4		6	11	26	18	44
13		10	15	32	10	42
3		12	6	11	26	37
7		8	12	24	11	35
5		14	8	8	24	32
18		13	13	14	14	28
12		15	16	10	5	15
10		17	14	5	8	13
16		18	18	3	3	6

お宝

⑮マイネルアルケミーに着目してほしい。Ｒ指数1位もＯ指数は10位と大きなブレが見てとれる。

JRAオッズでは単勝4番人気で8.2倍。

レース傾向はTP上位の数値が拮抗しており混戦だ。

1着	馬連	2-15	2,000 円
15	ワイド	2-15	920 円
2着		8-15	2,630 円
2		2-8	1,630 円
3着	3連複	2-8-15	11,950 円
8	3連単	15-2-8	61,310 円

2月28日　中山10R ブラッドストーンS＜TW＞

馬番	印	R順位	O順位	RP	OP	TP
16	◎	1	5	55	53	108
5	○	2	1	43	55	98
12	▲	5	7	53	35	88
7	△	3	3	40	40	80
15	×	10	2	32	43	75
2	×	7	10	35	32	67
10	×	6	4	26	28	54
4		9	8	20	24	44
3		13	6	14	26	40
9		4	15	28	10	38
1		8	12	24	11	35
14		12	9	11	20	31
6		15	11	10	18	28
8		11	16	18	5	23
11		14	13	8	14	22
13		16	14	5	8	13

1着	馬連	2-16	11,800 円
2	ワイド	2-16	4,360 円
2着		2-10	4,780 円
16		10-16	1,660 円
3着	3連複	2-10-16	45,940 円
10	3連単	2-16-10	398,740 円

お宝

⑯ヒルノサルバドールに着目してほしい。R指数1位もO指数は5位とブレがある。

JRAライブオッズでは単勝5番人気で8.8倍。10倍未満に6頭いて

②スマートアルタイル（9番人気）まで手を広げられるか？TWなら可能だ。

お宝ゲットはレース選択がカギ

2日間で圧倒的なパフォーマンスを発揮した形だが、毎週このような大万馬券とはいかずともコスパの高いお宝を数多くゲットし続けている。

競馬道OnLineでのコラムでは、主に特別戦から3鞍を選択し、現在も買い目をお届けしている。

毎週頭を悩ますのが、どのレースが好配当、高配当をゲットできるのかの1点だけで狙い馬は指数が自動的に出してくれる。競馬道OnLineでは特別3鞍から3鞍選ぶので、それほど選択肢があるわけではないが、すべて的中させるつもりで慎重に選んでいる。とはいえ、そんなに時間をかけているわけでもない。なぜならROを使うロジックの過去データや経験値があるからだ。あなたもトレジャーシートで今後のデータを蓄積して、マイスタイルを確立してお宝を手にしてほしい。

お宝コラム
トレジャーホース～隠れたお宝馬を掘り当てる

ここでは本編のトレジャーハンティングとは独立した「トレジャーホース」を使った新ロジックと使い方を紹介する。対象となるレースは限られているが、そのぶんコスパの高い馬券が取れるのでぜひ活用していただきたい。

●**トレジャーホースとは**

多頭数（16頭）のレースにおいて、R指数の評価が低いもののO指数では高評価の馬で、R、O評価のブレが大きい。滅多に出現しないが、トレジャーホースが馬券に絡むと高配当を提供してくれるレースが多い。

●**トレジャーホースの選定条件**

 1.レース範囲：**9R、10R、11R**　の特別3鞍

 2.頭数：16頭立て

 3.**O指数**（単勝予想オッズ）**1位馬が3.5倍以上**

 4.**R16位**（R指数最下位）の馬で**O指数が8位以上**

以上の4条件となるが、これにマッチするレースは非常に少ない。

条件が厳しい分、迷うことなく決め打ちできるメリットがある。

1〜3の条件は出馬表を見てスグに判別できるので、開催前日にトレジャーホースの有無がわかる。

●馬券と買い方

馬券：馬連、ワイドいずれかの軸1頭ながし

買い方：軸馬（トレジャーホース）総ながし　15点

サンプルレース（2021年1月〜）で手順を解説する前に結果を記しておく。

1月〜2月の開催日で対象レースは6鞍あり、うち馬連で4鞍が的中している。

	月日	レース	R順位	O順位	O	TH	単勝	払戻金	馬連	払戻金
①	1月5日	中京9R	16	6	4.1	⑦	6	520	6-7	2,490
②	1月11日	中京11R	16	3	5.1	⑦	7	790	7-13	4,250
③	1月16日	中山10R	16	7	3.6	⑥	8	-	8-10	-
④	1月30日	東京9R	16	5	3.7	⑯	7	-	7-16	2,520
⑤	2月13日	東京11R	16	6	3.7	⑯	6	-	6-9	-
⑥	2月21日	東京11R	16	2	4.8	③	3	330	3-10	6,620

※TH○数字＝トレジャーホースの馬番

※O＝単勝予想オッズ1位の倍率

トレジャーホースを選ぶ過程はとても簡単でトレジャーハンターで慣れていればまったく問題ないだろう。先の条件1〜3までは出馬表でわかるので、条件4でのR16位の馬がO指数8位より上かどうかを見るだけだ。それを確認するためにはR指数の高い順に全出走馬を並び替える必要がある。

第3章 条件合致でお宝ザクザク【お宝発掘編】

＜STEP1＞

まずは出馬表から順にチェックしていこう。フェブラリーSの出馬表だが、すでにレイティング（R）の高い順に並び替えている。これはトレジャーハントと同じだ。

2月21日　東京11R　フェブラリーS（G1）ダ1600m

馬番	馬　名	R	R順位	O	O順位
⑥	アルクトス	74.3	1	4.8	1
⑮	ミューチャリー	74.3	2	35.2	12
⑨	サンライズノヴァ	73.9	3	5.2	2
⑦	ワンダーリーデル	73.4	4	10.4	7
⑫	ヤマニンアンプリメ	73.2	5	43.0	14
⑯	レッドルゼル	72.6	6	6.0	4
⑧	ワイドファラオ	72.1	7	25.3	10
⑤	サクセスエナジー	71.7	8	47.2	15
⑭	オーヴェルニュ	71.5	9	9.9	6
①	エアアルマス	71.4	10	15.7	9
②	インティ	71.2	11	14.7	8
⑩	エアスピネル	70.9	12	39.1	13
⑪	スマートダンディー	69.6	13	49.3	16
⑬	ソリストサンダー	68.4	14	9.5	5
④	ヘリオス	67.9	15	29.3	11
③	**カフェファラオ**	**66.5**	**16**	**5.2**	**2**

※非常にまれなケースだが、R15位が同率で2頭いてR16

位の順位を確定させる場合には単勝予想オッズが高い馬が
上位（R15位）になる。

＜STEP2＞

R16位の③カフェファラオはO指数2位で条件4を満たすことを確認する。

馬券は馬連またはワイドで

③軸総流し15点

対象馬券は馬連とワイドだが、参考までに他馬券の払戻金も記しておく。

払戻金：

1着	馬連	3-10	6,620
3	ワイド	3-10	2,130
2着		3-7	1,560
10		7-10	3,620
3着	3連複	3-7-10	24,940
7	3連単	3-10-7	101,710

●トレジャーホースの視点

メディアでも重点的に中継されるグレードレースを含めた特別3鞍（9～11R）に着目して投票する方も多いと思うが、普通に人気サイドから流しても中々当たらないし、当たってもトリガミになるようなレースも多々ある。そこで単勝予想オッズ1位（O1位）が3.5倍というフィルターをかけて、俗にいう危険な人気馬がいる可能性が高いレースだけに賭ける。

トレジャーハントとは視点をずらして、指数的にR指数が最下位と能力は低評価だが、単勝評価が暴騰している（人気が先行）トレジャーホースの1点に賭ける手法だ。フェブラリーSは結果的に1番人気の③カフェファラオが内から、力強く伸びて勝利したが、戦前は上位4頭のオッズのとおり、③はレース内容ほど信頼度が高くなかった。

③	カフェファラオ	3.3
⑥	アルクトス	4.7
⑨	サンライズノヴァ	6.0
⑯	レッドルゼル	6.0

たまたま1番人気だった③カフェファラオを軸に流す馬券になったが、トレジャーホース自体は常に能力と人気のブレに着眼

して選ばれる。単勝上位人気の馬が軸馬になるレースが多いが、レイティングでは最下位という視点がユニークだ。

トレジャーホースにめぐり逢うチャンスは少ないが、トレジャーハントと買い目が被ることはないので、迷うことはないだろう。馬連の総流しでもトリガミになる可能性は少なく、ビッグなお宝をゲットできるかもしれない。

＜STEP1＞

もう一鞍、手順の確認もかねて出馬表からチェックしていこう。
すばるSもレイティング（R）の高い順に並び替えて済みで
R16位をチェックする段階だ。

1月11日　中京11R　すばるS　4歳上オープン　ダ1400m

馬番	馬　名	R	R順位	O	O順位
⑩	トップウイナー	70.1	1	8.8	6
④	ブルベアイリーデ	68.9	2	5.5	2
⑨	グルーヴィット	68.8	3	8.0	5
⑧	スマートアヴァロン	68.2	4	34.2	12
⑪	レシプロケイト	67.3	5	5.1	1
③	アードラー	67.0	6	15.2	8
⑤	テーオヘリオス	66.4	7	100	16
⑫	ハーグリーブス	66.4	7	18.7	9
⑮	リアンヴェリテ	65.5	9	41.8	13
⑥	ドンフォルティス	65.3	10	46.0	15
②	ヒラソール	65.0	11	42.1	14
①	バティスティーニ	64.9	12	28.3	11
⑬	アヴァンティスト	64.9	12	6.0	4
⑭	スリーグランド	64.4	14	9.1	7
⑯	クラヴィスオレア	64.0	15	21.8	10
⑦	**テイエムサウスダン**	**61.8**	**16**	**5.6**	**3**

＜STEP2＞

R16位の⑦テイエムサウスダンはO指数3位で条件4を満たすことが確認できた。

馬券は馬連またはワイドで

⑦軸総流し15点

このレースも対象馬券は馬連とワイドだが、参考までに他馬券の払戻金も記しておく。

払戻金：

1着	馬連	7-13	4,250
7	ワイド	7-13	1,510
2着		7-12	3,090
13		12-13	3,430
3着	3連複	7-12-13	31,520
12	3連単	7-13-12	135,880

すばるSはJRAのオッズでは単勝10倍未満の馬が6頭おり、単勝1番人気の⑪レイシプロケイトは4.0倍と混戦模様の一戦だった。トレジャーホースの⑦テイエムサウスダンは5番人気で7.9倍のオッズを付けていた。人気サイドから選ぶに

しても⑦を軸にするのは簡単ではないが本ロジックだと決め
打ちできて、おいしい配当をゲットできる。

3連複は3万馬券だが、軸1頭ながし15点だと105点にもな
るのでキビシイ。

ならば軸馬が連対すれば2点的中となるワイド15点買のほう
をおススメする。

●トレジャーホース＋（プラス）

トレジャーホースだけでは、対象レースが少なすぎるという
方のために、同様のロジックで、わずかだが対象レースを追
加できるのがトレジャーホース＋だ。

こちらも馬券点数が馬連15点と多めなので「100円／点で
しか投票しない」「1日の投票額の上限は決めている」とい
う方であれば、買い目が簡単に出せるので併用してもいい
だろう。

レース及びトレジャーホースの選定条件は、プラス（＋）で
も同様だが念のためサンプルレースも交えてザックリと説明
しておこう。

●トレジャーホース+の選定条件

1. レース範囲：**9R、10R、11R** の特別3鞍

2. 頭数：16頭立て

3. O指数（単勝予想オッズ）**1位馬が3.0～4.0倍**

4. **R15位馬のO指数が8位以上**

プラス（+）も4条件で条件3と4がトレジャーホースとは若干違うが、基本仕様は同じだ。

1～3の条件は出馬表を見てスグに判別できるので、開催前日にトレジャーホースの有無がわかる。

●馬券と買い方

馬券：馬連、ワイドいずれかの軸1頭ながし

買い方：　軸馬（トレジャーホース）総ながし　15点

＜STEP1＞

まずは出馬表から順にチェックしていこう。オーシャンSの出馬表だが、すでにレイティング（R）の高い順に並び替えている。

3月6日　中山11R　オーシャンS（G3）芝1200m

馬番	馬　名	R	R順位	O	O順位
⑯	ラヴィングアンサー	69.0	1	9.3	6
⑬	アウィルアウェイ	68.9	2	8.1	3
⑪	アストラエンブレム	67.6	3	18.0	8
⑨	エイティーンガール	67.3	4	20.9	11
⑤	アンヴァル	66.9	5	22.0	12
⑮	ダイメイフジ	66.7	6	13.7	7
⑥	ヒロイックアゲン	65.9	7	30.9	14
⑭	アイラブテーラー	65.9	7	8.5	4
③	カレンモエ	65.5	9	3.1	1
⑧	コントラチェック	64.7	10	18.8	9
⑩	ヴェスターヴァルト	64.6	11	19.4	10
⑫	キングハート	64.1	12	100	15
⑦	カイザーミノル	64.0	13	25.8	13
②	アルピニズム	63.4	14	5.9	2
④	**ビアンフェ**	**63.0**	**15**	**8.5**	**4**
①	ナリタスターワン	62.6	16	100	15

※プラスバージョンでは**R15位がトレジャーホース**となることに注意

＜STEP2＞

R15位の④ビアンフェはO指数4位で条件4を満たすことを
確認する。

馬券は馬連またはワイドで
④軸総流し15点

対象馬券は馬連とワイドだが、参考までに他馬券の払戻金
も記しておく。

払戻金：

1着	馬連	3-8	4,550
8	ワイド	3-8	1,720
2着		4-8	6,820
3		3-4	880
3着	3連複	3-4-8	18,650
4	3連単	8-3-4	168,680

単勝11番人気の⑧コントラチェックが1着で波乱となったオー
シャンSだが、トレジャーホースの④ビアンフェ（単勝5番人
気）が3着入着で馬連こそ外れたが、ワイドはおいしい2点
的中で総流しの恩恵を受けたレースだ。

＜STEP1＞

もう一鞍、手順の確認もかねて出馬表からチェックしていこう。

先のオーシャンSの1つ前、中山10R上総Sもプラスバージョンの対象レースだった。

レイティング（R）の高い順に並び替えて済みでR15位をチェックする段階だ。

3月6日　中山10R　上総S　ダ1800m　ハンデ

馬番	馬　　名	R	R順位	○	○順位
①	フィールザファラオ	63.7	1	14.2	9
⑭	ヴァイトブリック	62.5	2	7.3	4
⑫	オーケストラ	62.3	3	5.5	2
⑮	ジュンスターホース	61.7	4	27.8	11
④	ニーズヘッグ	61.6	5	6.6	3
⑤	リフトトゥヘヴン	61.4	6	43.8	15
⑥	ゲンパチルシファー	61.2	7	12.2	7
⑦	デッドアヘッド	60.8	8	3.9	1
②	クレッセントムーン	60.7	9	8.8	6
⑯	パレニア	60.6	10	100	16
⑩	ラストマン	60.2	11	8.5	5
⑧	エコロドリーム	59.9	12	39.2	14
⑨	エスト	58.9	13	34.8	12
③	フラワーストリーム	58.4	14	38.0	13
⑪	**テリオスベル**	**57.7**	**15**	**12.2**	**7**
⑬	ヴィーヴァバッカス	55.6	16	25.4	10

<STEP2>

R15位の⑪テリオスベルはO指数7位で条件4を満たすことが確認できた。

馬券は馬連またはワイドで
⑪軸総流し15点

このレースも対象馬券は馬連とワイドだが、参考までに他馬券の払戻金も記しておく。

払戻金：

1着	馬連	10-11	6,000
10	ワイド	10-11	1,760
2着		6-10	1,460
11		6-11	3,660
3着	3連複	6-10-11	31,520
6	3連単	10-11-6	135,880

トレジャーホースの⑪テリオスベルは単勝6番人気で10.9倍のオッズを付けていた。ハンデ戦らしく?上位人気3頭④②⑦は1頭も馬券に絡まず、中位の馬が激走して波乱となった。

払戻金のとおり、馬連と2点的中したワイド（計5,420円）の払戻金にはさほど開きはない。当たらないリスクを考慮すれば、ワイド限定で投票するのもアリだろう。

付録

出馬表

馬番	馬　名	R	O
①			
②			
③			
④			
⑤			
⑥			
⑦			
⑧			
⑨			
⑩			
⑪			
⑫			
⑬			
⑭			
⑮			
⑯			
⑰			
⑱			

【トレジャーボックス】

レイティング（R）上位10頭＋単勝予想オッズ

	馬番	馬　名	R	O
1				
2				
3				
4				
5				
6				
7				
8				
9				
10				

【RP/OP】

順位	RP/OP
1	55
2	43
3	40
4	28
5	53
6	26
7	35
8	24
9	20
10	32

【Step-3】

R順位の上位10頭にポイント(RP)を付与

馬番	馬　名	R順位	RP	O
		1		
		2		
		3		
		4		
		5		
		6		
		7		
		8		
		9		
		10		

【Step-4】

〇順位の上位10頭にポイント（OP）を付与

馬番	馬　名	〇順位	OP	〇
		1		
		2		
		3		
		4		
		5		
		6		
		7		
		8		
		9		
		10		

TPポイント上位4頭が対象

馬番	印	馬　名	R順位	RP	○順位	OP	TP
	◎						
	○						
	▲						
	△						

トレジャーボックス⇒◎○▲△

【トレジャーホイール】

レイティング（R）＋単勝予想オッズ（全馬）

	馬番	馬　名	R	O
1				
2				
3				
4				
5				
6				
7				
8				
9				
10				
11				
12				
13				
14				
15				
16				
17				
18				

【RP/OP】

順位	RP/OP
1	55
2	43
3	40
4	28
5	53
6	26
7	35
8	24
9	20
10	32
11	18
12	11
13	14
14	8
15	10
16	5
17	5
18	3

【Step-3】

出走全馬にポイント(RP)を付与

馬番	馬　名	R順位	RP	O
		1		
		2		
		3		
		4		
		5		
		6		
		7		
		8		
		9		
		10		
		11		
		12		
		13		
		14		
		15		
		16		
		17		
		18		

付録　トレジャーシート

【Step-4】

出走全馬にポイント(OP)を付与

馬番	馬　名	○ 順位	OP	○
		1		
		2		
		3		
		4		
		5		
		6		
		7		
		8		
		9		
		10		
		11		
		12		
		13		
		14		
		15		
		16		
		17		
		18		

【Step-5】

TPポイント上位7頭が対象

馬番	印	馬　名	R順位	RP	O順位	OP	TP
	◎						
	○						
	▲						
	△						
	×						
	×						
	×						

トレジャーホイール⇒◎軸　相手○▲△×××

トレジャーホース・チェッカー【16頭】
< 9/10/11R >

R順位	馬番	馬　名	R	O
1				
2				
3				
4				
5				
6				
7				
8				
9				
10				
11				
12				
13				
14				
15				
16				

※R順位16位 = O順位8位以上でトレジャーホース確定

競馬道 OnLine レイティング＆予想オッズ早見表サンプル

今までありそうでなかった！ケイバブックのレイティングと予想オッズ早見表を掲載！

レイティング [2回中山6日目]

順位	1	2	3	4	5	6	7	8	9	10	11	12	13	14	15	16	17	18
1R	5	7	14	1	2	12	16	13	6	3	11	9	15	8	10	4		
	53.1	52.6	52.5	52.5	51.7	51.6	50.4	50.0	49.5	49.2	48.6	47.9	--	--				
2R	3	8	12	10	13	7	11	14	9	2	15	1	6	4	5			
	53.7	53.7	53.6	53.6	51.7	51.7	51.1	50.9	49.7	49.7	47.6	47.3	47.2	46.8	--			
3R	14	13	7	2	10	3	9	11	1	12	4	6	8	5				
	55.0	53.3	53.1	52.5	51.9	51.6	50.5	49.7	48.7	48.5	47.9	47.5	46.0					
4R	1	2	10	13	11	3	12	9	7	4	5	8	6					
	53.3	52.9	51.8	51.3	50.5	50.3	49.9	49.7	47.1	46.5	--	--	--					
5R	2	15	1	13	16	8	14	7	6	4	10	3	9	5				
	55.1	53.8	52.5	50.5	50.4	50.2	49.3	48.7	48.4	48.1	46.8	46.3	45.4	--				
6R	10	14	3	15	8	5	13	7	16	4	6	9	2	12	1			
	58.5	57.5	56.4	55.3	55.3	55.2	54.4	54.2	52.6	52.3	52.1	51.9	51.7	51.3	51.0			
7R	7	6	4	8	3	14	1	13	15	12	9	10	11					
	56.6	56.4	55.7	55.5	55.4	54.8	54.4	53.9	53.9	53.8	53.0	52.6	52.4	51.5	50.7			
8R	8	2	5	12	1	11	14	7	4	3	13							
	57.2	56.7	56.6	56.2	56.1	55.1	54.7	54.2	54.1	53.8	53.5	53.4	52.0					
9R	10	11	2	7	9	8	3	1	5	6								
	59.4	58.6	58.4	58.3	58.2	56.6	56.5	56.0	55.6	55.4	54.4							
10R	12	8	3	5	13	4	9	6	11	7	10	14	2	1				
	68.3	67.2	66.0	65.8	65.6	64.8	64.5	64.3	63.5	62.9	62.7	61.4	60.9	58.7				
11R	5	7	11	8	2	6	13	9	1	3	6	4	15	16				
	59.4	57.5	57.2	57.2	57.1	56.6	56.1	56.1	56.1	56.0	55.3	54.8	53.6	52.6	52.4			
12R	7	13	8	3	12	10	2	14	1	4	6	15	16	9				
	56.3	55.3	55.3	55.0	54.5	54.4	54.2	54.1	53.7	53.2	52.7	52.7	52.4	52.0	50.8	50.7		

予想オッズ [2回中山6日目]

順位	1	2	3	4	5	6	7	8	9	10	11	12	13	14	15	16	17	18
1R	14	16	5	1	2	12	11	8	6	10	13	15	3	9				
	2.8	4.7	5.0	8.4	11.4	14.4	15.1	15.2	23.4	27.7	28.8	36.1	49.8	*	*			
2R	3	12	13	7	10	8	14	5	4	5	2	15	6					
	3.5	4.3	4.9	7.3	7.5	8.6	14.5	25.6	27.1	32.3	36.4	45.0	49.1	*	*			
3R	14	13	10	7	2	9	5	6	1	11	12	4	8					
	3.2	3.3	6.0	7.9	9.0	10.2	12.8	21.2	22.6	32.8	44.8	*	*					
4R	1	10	2	4	11	3	5	9	7	12	6	7						
	2.9	3.9	4.5	6.7	8.4	13.9	15.0	31.5	33.3	34.4	39.6	47.7	*					
5R	2	15	3	6	9	1	8	14	10	5	4	11	13	7	12	16		
	3.1	4.3	6.8	6.9	8.5	10.4	20.9	23.2	26.0	29.3	30.6	30.9	35.4	38.0	43.3	*		
6R	10	14	9	15	5	6	13	8	7	13	4	2	11	16	12			
	3.0	4.4	7.3	8.6	8.7	8.9	15.5	21.5	25.0	25.5	26.4	33.9	37.0	39.7	49.9	*		
7R	7	6	8	13	3	9	2	15	10	4	14	1	5	12	11			
	3.7	3.8	4.8	10.0	10.9	11.1	11.9	13.3	15.2	26.2	34.4	42.3	45.9	*	*			
8R	12	2	8	10	7	4	5	11	9	3	6	1	13					
	4.4	4.7	5.0	6.6	7.3	7.7	11.2	18.7	23.8	28.9	37.9	43.2	*					
9R	11	8	9	10	2	7	5	6	3	1	4							
	2.8	4.8	5.4	6.1	6.7	10.7	14.6	16.5	17.8	30.6	*							
10R	12	8	14	1	3	5	7	13	9	4	6	2	11	10				
	3.8	4.8	5.6	7.0	10.1	10.8	11.3	13.9	18.4	27.9	28.5	30.1	*					
11R	5	7	8	13	2	6	11	5	12	6	3	9	1	14				
	3.5	5.5	5.9	7.9	9.0	10.8	11.7	14.7	18.6	19.1	19.7	30.8	33.3	40.3	48.1			
12R	7	13	8	14	10	11	16	1	15	12	2	3	6	9	4			
	4.9	5.3	6.0	6.1	7.8	11.6	11.6	13.0	17.2	18.4	24.8	29.6	29.8	39.8	43.9	*		

おわりに

最近は歳のせいか早朝に目覚めてしまう。この日曜（21年3月22日）の朝も4時頃に目覚めて、コーヒーを飲みながら原稿のチェックや、出馬表を眺めたりしていた。デスクでうつらうつらしながら、寝入ってしまい目覚めると11時を回っている。

日曜は本書のロジックでも勝負レースがいくつかあり、中山4Rには間に合いそうだったので、馬連ボックスの買い目を出して、いざ投票!

「見事ハズレw」

気を取り直して、午後のレースを3鞍まとめ買い

中山9R	**スピカS**	**3連複　6点**
		（お宝候補の1頭が取消で6点買い）
中山10R	**千葉S**	**馬連11点**
阪神11R	**阪神大賞典（G2）**	**馬連11点**

結果は右のとおり2鞍が的中!

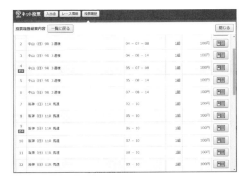

[3連複5-7-8 9,990円]　　　**[馬連6-10 3,510円]**

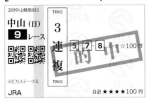　

【トレジャーハント用 - 即 PAT 口座】

きょうも<お宝>ありがとう!　という1日だった。

読者の皆様の健闘を祈って

著者

著者紹介

宝城哲司（ほうじょう　てつじ）

2001年のデビュー作「競馬ブック対応当たる当たるRO理論」がヒット。以降もコンピを使用する「日刊スポーツは黄金の必勝法だった」等、長年にわたり競馬専門紙、スポーツ紙を最大限に活用するデジタル馬券理論を数多く発表。2021年現在、競馬道OnLineで毎週予想コラムを掲載。また、「馬券マネジメント」では「お宝レース」を監修している。

編集

競馬道OnLine編集部

http://www.keibado.ne.jp

競馬道OnLineは1997年に開設。競馬専門紙の老舗「競馬ブック」と提携する日本最大級のインターネット競馬情報サイト。競馬ブック提供のデータをもとにした競馬予想支援ソフト『競馬道』シリーズをはじめ、競馬道調教マスターなどのデータ分析やさまざまな指数を提供。編集部が編集した書籍に「パーフェクト種牡馬辞典」「パーフェクト調教事典」（自由国民社刊）など。

ブログ：
競馬道OnLine編集部　http://blog.keibado.ne.jp/

Twitter：
競馬道OnLine編集部　https://twitter.com/anatoucom

著者の連絡先：
宝城 哲司　tedwin5963@gmail.com
競馬道OnLine編集部　support@keibado.zendesk.com

著者予想公開ページ：
競馬道OnLineメンバーコンテンツコースで閲覧可能
https://www.keibado.ne.jp/

馬券マネジメント「お宝レース」
https://to-dai.jp/otakara/

まとめ

【レイティングと予想オッズを知るには】
1）競馬道ネット新聞
https://keibado.keibabook.co.jp/
競馬ブック（中央競馬）が便利

2）競馬道OnLine
http://www.keibado.ne.jp
メンバーコンテンツコース
レイティングと予想オッズ早見表が便利

競馬道OnLineポケットブック　**007**

トレジャーハンターが教える
競馬ブック最高のお宝馬券術

2021年 5月20日　第1刷発行

- ●著者　　　宝城哲司
- ●編集　　　競馬道OnLine 編集部
  　　　　　　http://www.keibado.ne.jp
- ●本書の内容に関する問合せ
  　　　　　　keibasupport@o-amuzio.co.jp
- ●デザイン　androworks
- ●イラスト(帯) Pijons
- ●発行者　　福島 智
- ●発行元　　株式会社オーイズミ・アミュージオ
  　　　　　　〒110-0015　東京都台東区東上野1‐8‐6　妙高酒造ビル5階
- ●発売元　　株式会社主婦の友社
  　　　　　　〒141-0021 東京都品川区上大崎3-1-1目黒セントラルスクエア
  　　　　　　電話:03-5280-7551
- ●印刷・製本　三松堂株式会社
